DEMBOW VERSUS HIP HOP DOMINICANO
POR RODDY PÉREZ

AUTOR

RODDY PÉREZ

Productor

Es un ejecutivo de proyectos de la industria cinematográfica y musical, fundador de Premios Latin Videoclip Awards, productor de la edición televisiva de Premios Oscar 2020 en República Dominicana, productor de la película Héroes de Junio, que le otorgó el premio del público en el Festival de Cine Dominicano 2019 y Premio de la Prensa en el Dominican FIlm Festival New York 2021. Roddy Pérez es el primer dominicano en la historia seleccionado al Berlinale Talents Campus de Alemania, premio al mejor productor latino en el Morelia Lab del Festival de Cine de Morelia en México y Premio Regional de Literatura Dominicana J. Armando Bermúdez. Incursiona en la música en 1991, carrera que pone en pausa en 1996, retomándola en el 2020 con la producción de tres álbumes,"Dembowtronic" , "Electrobow" y Station Me, bajo la firma Elefant Universe y Vlikdi Music.

DEMBOW VERSUS HIP HOP DOMINICANO

POR **RODDY PÉREZ**

DEMBOW VERSUS HIP HOP DOMINICANO
POR **RODDY PÉREZ**

El presente libro ¨**Dembow Versus Hip Hop Dominicano**¨ representa una radiografía de los más recientes géneros musicales de la República Dominicana, hip hop dominicano, dembow dominicano, mambo y merengue house, profundiza de forma didáctica y simple

Índice

Prefacio

La intención de abordar este tema es puramente didáctica, basada en mi investigación, apreciación y vivencia, es decir mi punto de vista, con la posibilidad de abrir un debate y aportar una primera publicación bibliográfica dedicada al Dembow y el Hip Hop Dominicano, dos culturas y filosofías muy distintas que guardan su distancia entre sí, sin menospreciar ninguna de las dos, las que componen una diversidad de expresiones que retratan nuestro sentir social y popular.

La Cultura Hip Hop Dominicana supera las tres décadas, de creación, evolución, de manifestaciones e historias que la convierten en un auténtico medio de expresión de lo dominicano con un discurso social contundente y filosofía propia.

Distante de la cultura Hip Hop Dominicano y concebidos de formas diferentes, con filosofía, composición social y estructura distinta, el Dembow Dominicano es una expresión cultural que difiere del Hip Hop, el Dembow Dominicano es de creación reciente, derivado del Dancehall Jamaiquino, el Reggaetón de DJ Playero y las creaciones de DJ Boyo, en sus inicios el Dembow Dominicano se caracterizaba por poseer una jerga simplista, posteriormente se auxilia de los versos del Hip Hop Dominicano y su punch lines, pero también logra seducir a algunos de sus exponentes, lo que fortalece ambos géneros, respetando las distancias.

El Dembow Dominicano es un nóvel género de la música de la República Dominicana, de un poder comercial contundente y de una enorme popularidad en la actualidad, cuestionable para algunos sectores conservadores, discriminado por otros, similar a lo sucedido al merengue y la bachata en sus inicios, controversial y tosco para otros, crudo para muchos, pero una realidad global y una expresión cultural en la que debemos profundizar para evolucionar, el Dembow Dominicano es una realidad

La razón más pura y honesta al momento de presentar este libro, es la pasión que me mueve por toda la música, desde Vivaldi hasta Sven Väth, pasando por Tan Dun, Jean Michel Jarre, Draco Rosa, Sigur Rós, Juan Luis Guerra, Hans Zimmer, Richie Hawtin, Bjork, Cerati, Ramón Orlando, Anthony Santos, Fefita la Grande, Johnny Pacheco, Lo Correcto, Café Tacvba, Bad Bunny, Daft Punk, Bob Dylan, The Doors, Residente, Fellé Vega, Mercedes Sosa, Nina Kravitz, Batey Cero, Pink Floyd, Sting, entre otros.

Introducción

Residía en el sector Simón Bolívar, un populoso barrio rural del Distrito Nacional, República Dominicana. A principios de los años ochenta, mis padres se divorciaron, cuando tenía tres años y mi hermana dos, mi madre de veintidós años, con deslumbrante belleza, inteligencia y juventud, nunca nos apartó de su lado, a pesar de las circunstancias, continuó con sus estudios y un empleo, nos mudábamos anualmente buscando mejoría, las figuras paterna y materna las representaban mi abuela y mi abuelo, de clase humilde, quienes nunca nos permitieron sentir el vacío típico de los hijos de padres divorciados, mis abuelos eran personas tradicionales de cálido trato, valores y notable amabilidad, compartir con tales seres, fue un enorme privilegio en mi niñez.

Me refugié en la música, tuve la dicha de que al barrio llegaba el sonido de la música de quienes trabajaban en los mejores clubes nocturnos de la ciudad, convirtiéndose las tardes en un reconfortante soundtrack vespertino, que retumbaba en todo el barrio, música disco, dance, funk, electrónica y hip hop anglosajón, era el alimento de mi imaginario, al caer la tarde en la Núñez de Cáceres 109, del barrio Simón Bolívar, Distrito Nacional.

Tiempo después, ya más grandecito, conecté con las animaciones radiales de Súper Frank, quien programaba canciones de Bob Marley, Public Enemy, Marvin Gaye, James Brown, Donna Summer y Barry White.

Recuerdo celebrar mi cumpleaños número 8, sin energía eléctrica, en el barrio Villas Agrícolas, escuchando el casete ¨La Recta Final¨ de Vico C, realizando mis pasos de break dance, era el cumpleaños más feliz del mundo, aquella música era un oasis en mi realidad.

A los 9 años en el Ensanche Luperón, unos niños de mi edad ensayaban en un salón de eventos, su presentación para el día de las madres, que se acercaba, era un rap inédito, siempre asistía a verlos y un día uno de ellos se enfermó, como yo siempre asistía, me sabía la coreografía y entré a formar parte de la presentación, experiencia que finalizó con ovación de pie, de unas doscientas señoras que no entendían nada del hip hop, en el día de las madres del 1991.

Al igual que yo, muchos adolescentes encontraron su escape en el hip hop de principios de los 90, luego de mudarme a Alma Rosa, al este de Santo Domingo, por aquel entonces, en 1992, conformé un grupo de rap, con el cual logré participar en un certamen de raperos adolescentes y obtener el primer lugar, lo que nos otorgó un poco de popularidad entre las chicas, la oportunidad de presentarnos cada fin de semana en el parqueo de una famosa tienda y lo mejor de todo, comer golosinas y gaseosas gratis, que era el único premio.

Tomábamos los fragmentos sin voz de populares canciones del funk, dance y pop, logrando nuestros propios instrumentales, este improvisado sampling, dio como resultado nuestro primer EP en 1993, al que llamamos "Dembowtronic" y el que perdimos en una de nuestras casas, con mis primeras canciones como "Like", "Denise", dedicada a mi noviecita, "Las Drogas" y "Kitty, no me perdonaba haber extraviado mi primera grabación, mis compañeros del grupo me animaban a conseguir esta única copia, y del cual emprenderíamos una incesante búsqueda.

CONTEXTO: HISTÓRICO, CULTURAL, SOCIAL Y GEOGRÁFICO

República Dominicana

República Dominicana fundada en 1844, una media isla compartida con Haití, en el mismo trayecto del sol, como dicta el poema "Hay un país en el mundo" de nuestro poeta nacional, Don Pedro Mir, formamos parte de las Antillas Mayores, en la región del caribe, nuestro país tiene condición de hotspot o lugar de microclima, que se caracteriza por la riqueza en biodiversidad, tenemos un clima veraniego todo el año, con un clima promedio de 25 grados Celsius, paisajes de colores vivos e impresionantes, conjunto de condiciones que dotan a nuestra gente de una actitud y calidez especial, reflejado en nuestro trato con los demás, pero también se refleja en nuestras creaciones y nuestra expresiones culturales.

Por nuestra ascendencia africana, española e indígena, poseemos una rica mezcla de culturas, expresada en nuestra idiosincrasia, así como en cada una de nuestras acciones, reflejadas en nuestro arte y no escapan de esta realidad nuestros ritmos autóctonos, pambiche, carabiné (que compartimos con Haití), canto de trabajo o canto campesino, bachata, perico ripiao o merengue ripiao, atabales o palos y merengue.

Géneros Recientes

Yo agitaba el tocadiscos de la sala, logrando un "Scratching" genial, mientras sonaba Julio Iglesias en 1988, para mi abuela yo le estaba dañando el Long Play, para mi abuelo yo hacía "musaraña" como Wilfrido (el merenguero), "tratando de hacer música americana", pues todo lo que no era música tradicional, para los adultos, era eso, una mueca.

El hip hop dominicano aunque abarca un espectro más amplio: el mc, el dj, el brake dance y el grafiti; en esta publicación observaremos el rap dominicano o hip hop Dominicano como género musical independiente y autónomo, aunque proveniente de Estados Unidos, mantiene su identidad y se enriquece con la jerga, la realidad y las vivencias del dominicano. El hip hop dominicano es distinto al género dembow dominicano, pero en un momento dado le aporta influencia en su narrativa.

Desconocedores no logran distinguir las características si es rap, si es dancehall, si es mambo dominicano o si es dembow dominicano, se limitan a llamarlo música urbana ó género urbano, término mal utilizado, aportado por la radio estadounidense de finales de los 70, con la finalidad de otorgar un mote genérico a toda la música afrodescendiente como r&b, soul, funk, utilizado desde entonces por premiaciones, charts y otros eventos, extendiéndose a la música latina, y arropando con el término urbano ó urban en inglés, el reggaetón, el dancehall, el reggae, el dembow dominicano, entre otros, diversos gremios mostraron su desacuerdo de adoptar este nombre genérico, exigiendo a premiaciones, plataformas de streaming y organizaciones llamar cada género por su nombre, situación que empieza a normalizarse.

Ritmos Autóctonos Dominicanos

El Merengue

El merengue es el principal ritmo autóctono dominicano, declarado patrimonio intangible de la humanidad por la UNESCO en el 2016, en sus inicios fue rechazado por la élite, el merengue en su etapa primitiva se tocaba a base de guitarra, güira, acordeón y tambora, el origen de su nombre posee varias teorías, que viene de un popular baile africano, ¨meringha ó tamtan mouringue¨, ó de un baile afroantillano, ¨muserengue¨ y otra palabra relacionada es ¨meringhe¨ que es merienda en francés.

El contagioso merengue fue rechazado por la élite en sus inicios, a finales del siglo XIX, posteriormente impuesto por el dictador Rafael Leónidas Trujillo.

El olor del guiso, la competencia al hablar en voz alta para mostrarse afecto mutuo, la oportunidad de ponerse al día con lo sucedido en el tiempo de ausencia, las cervezas salpicando gotitas heladas acompañadas de sonrisas, el sol punzante compitiendo con la brisa fresca veraniega, el humo del salcocho al servirse y la competencia de bachatas a todo volumen en el caserío, otorgaban a la casa de mi tía Lusa en los mina, el puesto de mi lugar favorito para visitar durante mi niñez.

La Bachata

La Bachata es el ritmo autóctono dominicano, que le sigue al merengue en trascendencia, con influencias del son cubano, el bolero y el merengue, declarado patrimonio intangible de la humanidad por la UNESCO en el 2019, su nombre hace referencia a una reunión festiva ¨una bachata¨, tocada en sus inicios a base de guitarra española y la güira, fue rechazada por la alta sociedad y la clase media, porque tildaban el género como música de burdeles, campesinos y guardias.

HIP HOP: CULTURA, FILOSOFÍA, Y ESTILO DE VIDA

Origen del Hip Hop en EUA

Mientras sonaba la canción "Pump up the Jam" de Technotronic ó "Burn Hollywood Burn" de Public Enemy en 1990, aparecía automáticamente un chaleco negro de jeans de gran tamaño, que no sé quién había olvidado, con acabados en metal, y también unas Ray-Ban Fireware, sonando la canción, a los diez segundos aparecía ese atuendo, en treinta segundos me encontraban, al segundo treinta y uno ya yo estaba en el centro de todos, bailando una especie de brake dance.

El hip hop nace en Estados Unidos en los años 70, en Harlem y en el Sur del Bronx, New York, durante las fiestas de Clive Campbell, conocido artísticamente como DJ Kool Herc, quien notó que durante los brakes o pausas rítmicas de las canciones populares de funk, la gente se mostraba más animada en la pista, expresándolo a través de la interacción y el baile (brake dance).

A DJ Kool Herc se le ocurrió la idea de tomar los fragmentos de pausas musicales sin voz ó brakes de la música funk y extenderlos con técnica de repetición, alterando el volumen, y la duración del fragmento, reinventando la canción original, que dieron como resultado

el ¨brake dance¨ ó la participación del público masivamente en el baile, mientras sonaba la parte rítmica no
cantada en el funk, posteriormente DJ Kool Herc probó
el mismo efecto utilizando dos consolas y optimizando
el resultado.

Afrika Bambaataa, también DJ en el Bronx, notó que
a través de la innovación de DJ Kool Herc, las pandillas en los barrios tenían una nueva válvula de escape,
que se reflejó en los grafitis, el baile y la música, para
entonces Bambaataa viaja a África, conoce las tribus
Zulu y queda maravillado por la paz y el espíritu de colaboración entre las tribus de raza negra, al regresar al
Bronx decide formar Zulu Nation, un colectivo artístico,
un medio de expresión alternativo, para combatir los en-
frentamientos entre pandillas y promover la paz entre
los afroamericanos.

Afrika Bambaataa es quien da el nombre al hip hop,
tomado de una expresión utilizada por Keith 'Cowboy'
Wiggins y los MCs de la época como relleno para si-
mular una marcha militar con la voz ¨hip-hop-hip-hop¨,
posteriormente Bambaataa dividió las palabras en ¨hip¨,
que significa innovador, novedoso y ´hop¨, que significa
fuga o salto de escape, en conjunto sería hip hop como
¨salto innovador¨ ó ¨escape ingenioso¨.

El hip hop es una cultura y estilo de vida, que comprende cuatro disciplinas, el mc ó maestro de ceremonia, dj ó pinchador de discos, grafiti ó la expresión de la pintura como arte callejero y el brake dance ó baile durante las pausas.

En 1990, en contra de mi voluntad, nos mudábamos por primera vez lejos de la protección de mis abuelos, del Simón Bolívar a Villas Agrícolas, un sector más expuesto y más cerca del centro urbano, nuestro primer contacto con el mundo crudo y la realidad de la clase humilde trabajadora.

Durante las noches, esperando el momento de volver a mudarme, observando a través de los barrotes de la casa, las escasa personas que transitaban por nuestro angosto frente, en las pausas, lograba identificar a lo lejos canciones de Rubén DJ, rapero puertorriqueño, así como de los anglosajones Public Enemy y LL Cool J, beats simples de batería, versos casi hablados, eran un calmante lejano en la oscuridad. El rap me impactó, desde entonces nunca perdí el interés por descubrir lo nuevo, lo que estaba sonando, valoraba cualquier canción que se colara en aquel silencio nocturno.

HIP HOP EN REPÚBLICA DOMINICANA

Primera Etapa

Finales de los 70

La primera expresión del rap dominicano se la debemos al comunicador, productor y humorista Freddy Beras Goico, quien acompañado del también destacado humorista Felipe Polanco Boruga con la canción ¨Venga Acá¨ en el año 1979, una versión en español de ¨Rapper´s Delight¨ de Sugar Hill Gang.

Se destacan las numerosas creaciones del músico, libretista y productor dominicano Milton Peláez, un excelente repentista de la época.

Principios de los 80

"Rapper´s Delight" también fue versionada por Wilfrido Vargas en la canción El Jardinero, un merengue de 1984 que incluye un fragmento rapeado, escrito por el locutor y pionero del género urbano Frank Moya conocido como Súper Frank y cantada por Eddy Herrera en el rapeo y Jorge Gómez en la parte cantada, el video musical de esta explosiva canción, muestra por primera vez el brake dance en un audiovisual dominicano.

Otra canción de Wilfrido Vargas que incluye una parte rapeada es ¨El loco y la luna¨ interpretada por Jorge Gómez y la parte rapeada interpretada por Eddy Herrera, escrita también por Súper Frank.

Súper Frank

Un inquieto locutor, de enérgico estilo, en su forma de animación y conocedor de las diferentes corrientes del hip hop anglosajón, se convirtió en uno de los precursores de la difusión del hip hop en la radio, programando también canciones dance y disco en la República Dominicana, introduciendo el beat box, convirtiéndose en pionero en su área a través de la radiodifusora Viva FM, realizando el primer concurso de rap en República Dominicana en el 1989, ¨Viva Rap 89¨.

Frank Moya, conocido artísticamente como Súper Frank, colaboró con diversas agrupaciones dominicanas de merengue, escribiéndoles y asesorándoles en cuanto al rap, es el caso de Wilfrido Vargas, La Gran Manzana, The New York Band.

La inquietud de Súper Frank fortaleció la primera etapa del movimiento hip hop y sus exponentes en los barrios de República Dominicana.

Segunda Etapa

Finales de los 80

Se destacan DJ Raymond, Jonas Muvdi, MC Pazi, Ulises, René Vicioso, DJ Pablo Cop, Richard El Black, MC Omar, Ito Ogami, Burn MC, MC Papo (del dúo Sandy y Papo), Figurín, quienes protagonizaban las expresiones del hip hop a finales de los 80.al igual que West And Force, Kool Criminals, Bmcp, Black Wave y Holiday Rap. El más popular en esta etapa es Ito Ogami, pionero,quien junto a Alkapone Rap logró notoriedad en los encuentros underground, logrando la consolidación del hip hop en la escena local.

Principios de los 90

El 1992 el hip hop dominicano suena en la radio abiertamente a través de Bulla 88.5 FM y el programa Potencial Rap.

Ya en el 1992 me había mudado dos veces, una noche de viernes, sin permiso y sin nada en el estómago, caminé 6 kilómetros en la oscuridad, con la esperanza de cenar en casa de mis abuelos, ignorando el peligro.

Influencias Foráneas

Vico C

Entre el 1985 y hasta 1990, crecen las influencias de las expresiones norteamericanas en la radio con programas como el de Súper Frank, así como por el flujo de vacacionistas dominicanos procedentes de Estados Unidos y Puerto Rico, fruto de ese intercambio, se expande el rap en español del puertorriqueño Rubén DJ, rap de corte jocoso, dramático y educativo, con temas como ¨Mi Escuela¨, ¨La Abuela¨ y ¨La Pesadilla¨.

En 1990 llega la música del dúo Vico C y DJ Negro, conformado por Luis Armando Lozada Cruz (Vico C) y Félix Rodríguez (Dj Negro) hip hop en español con características más estéticas, colores próximos al pop, dancehall y el tropical dance, logrando empatía inmediata con los dominicanos.

Vico C se convierte en líder indiscutible de la movida del rap en español en República Dominicana , Puerto Rico y los caribeños en New York, canciones como ¨La Recta Final¨ y ¨Viernes 13¨, ¨Me Acuerdo¨, ¨El Filósofo¨, ¨Tony Presidio¨ otorgaron gran popularidad a un joven

Vico C no se cuestionaba, aunque con un perfil más inclinado al hip hop suave y para el consumo de todos, Vico C logró respeto de los exponentes conservadores, la audiencia más underground y exigente se mantuvo consumiendo el rap crudo anglosajón.

Aquella noche logré convencer la joven que me cuidaba y a mi hermana de ir a casa de mis abuelos, a unos 6 kilómetros, en total oscuridad, me tocaría transitar por unos 6 barrios, cada uno más inseguro que el otro.

Mi abuelo un ex marino y agricultor, de carácter recto, disciplinado y conservador, un protector a carta cabal de sus hijos y nietos, si se enteraba de mi peripecia podía castigarme, con la sana intención que no se repitiera y con único objetivo de protegerme.

La música fue mi sostén en el recorrido, me sostuve de una canción a otra en las calles del agitado viernes, llegando a casa de mi abuela en la oscuridad, la chacabana impecable de mi abuelo interrumpió la oscuridad, y me dice: _¿Roddy, qué usted hace aquí, quien lo trajo?, lo miré en las alturas, con mis ojos como escama de pez, al lado de su rostro se veía la luna, las estrellas, los cables del tendido eléctrico, servicio del que carecían los barrios populares, y le dije _ papá juegue el catorce que va a salir, y lo repetí dos veces, me observó con compasión y se marchó.

Tercera Etapa

Finales de los 90

"Campamento Revolucionario", "Monopolio", "Circulo de la Muerte", "Vieja Guardia", Núkleo Salomón y Junior Polanco, en esta etapa se consolida la cultura hip hop, los exponentes difundían su música en casetes, realizaban conciertos en espacios alternativos y discotecas rurales, pero también era más notoria la presencia de magistrales grafitis en los barrios, se graba el primer disco de hip hop dominicano, bajo la responsabilidad de Junior Polanco con canciones de Ito Ogami, Fundación Negra, Insánico, posteriormente la hazaña la logra, MCD Etiqueta Negra .

Gestores e influyentes logran consolidar aún más el género, es el caso de DJ Jota, productor, programador musical radial, así como DJ Mahogany, organizador de eventos de Hip Hop.

Un Exponente también destacado de esta etapa es Héctor Mario Romer mejor conocido como Dkano, aún estando graduado de ingeniería, incursiona en el hip hop a los 24 años y promueve un estilo constructivo, de letras positivas, pensamiento agudo, considerado uno de los mejores liricistas en el país.

Cuarta Etapa

Principios del 2000

En esta etapa se destaca la estructura, el orden y la expansión de la cultura hip hop dominicana, bajo la responsabilidad del colectivo Cooperativa Empresarial Lo Correcto, compuesta por Núkleo Salomón, Junior Polanco, Tito Hasbún, Ovni, Beethoven Villamán, Sin Fin, Facundo González, Básico, Crooklyn, entre otros, quienes seleccionan los exponentes más comprometidos y reales de los principales barrios y conforman como una verdadera maquinaria cultural y creativa.

El nombre Lo Correcto, fue tomado de un semanario alemán que era distribuido clandestinamente durante la segunda guerra mundial, llamado The Corrector.

De manera muy competitiva, reuniendo pilares y talentos de otra zona geográfica de Santo Domingo, la noreste, surge otro destacado gremio de hip hop dominicano, el colectivo "Charles Family", se caracterizan por combinar exponentes de diferentes generaciones de la zona norte y oriental de Santo Domingo, Alex X, Latinos Unidos, DJ Lobo o Dj Strike One, Ito Ogamy y Dr. Patrón, MCD, Los Crudos, Tribu Rebelde, Lápiz Conciente, Joa, Enigma, Toxic Crow y otros.

En esta etapa también inician las primeras expresiones del rap cristiano, liderados por Ariel Kelly y Redimi2.

Charles Family se divide y surge Complot Records liderada por Toxic Crow, paralelamente de manera independiente a todo lo que está sucediendo en suelo nacional, procedente de Estados Unidos surge Top Dollar Entertainment liderada por Bibi The Boss, con Lápiz Conciente como artista puntero y un nuevo talento de nombre Monkey Black.

Se hacen sentir Vakeró, de San Pedro de Macorís, provincia al este de la República Dominicana, pero también Joa El Súper, este último logra una de la primeras canciones sonadas masivamente en la radio

La Mujer

Jay Key, se registra como la primera mujer rapera dominicana, oriunda de Los Mina y participante en 1989 del concurso de rap en la emisora Viva FM y el locutor urbano Súper Frank .

Se empieza a hacer sentir Melymel, exponente comprometida con la cultura hip hop, respetando la filosofía y de una inteligencia aguda, habilidad al escribir, desarrollo de delivery lirical, manejo versátil del tiempo y punch lines, nombrada Mamá del Rap, se destaca como pionera, rapera, productora y gestora cultural.

Se destaca por sus aportes como ejecutiva y esencial talento, Indhira Ircania Luna, conocida artísticamente como La Insuperable copropietaria de Complot Records, figura de relevancia y líder.

Heidy Brown, comprometida con los valores genuinos de la cultura hip hop, también Milka La Más Dura, trabajadora incansable desde mediado del año 2000, La Materialista, influyente en cada una de las etapas del género, más adelante aparecerán en la escena otras exponentes como La Ross María.

En la mañana siguiente, evitando ver a mi abuelo, escucho su voz que me dice, "el número que me dijiste anoche salió en primera", aunque creía ciegamente en sus palabras, quise verlo con mis propios ojos y corrí a la esquina a confirmarlo, me regaló trescientos pesos, con el que sin dudarlo decidí comprarme un walkman y tres casetes, uno de Bob Marley, otro de Naughty by Nature y el más reciente de Vico C.

Quinta Etapa
Mediados del 2000

Tanto Complot Records, bajo el mando de Toxic Crow y Top Dollar Entertainment, liderada por Bibi The Boss como empresario, con Lápiz Conciente como artista puntero, ponen en marcha su visión de comercializar el hip hop dominicano, combinando talento, estructura, creatividad, inversión y estrategia, expandiéndose por toda la República Dominicana, Estados Unidos y Europa.

Lápiz Conciente

Avelino Junior Figueroa Rodríguez, cuyo nombre artístico es Lápiz Conciente, apodo dado por su abuela por las habilidades que mostraba a temprana edad, nacido en el populoso sector de Los Mina, en la zona este de Santo Domingo, el 24 de enero de 1983, exponente con una forma de escribir privilegiada y perspicaz, que conectó con la masa popular, minucioso y ágil poeta urbano, letras contundentes, punch lines superiores y una personalidad auténtica e independiente, defendiendo 100% su filosofía, sin comprometer su arte.

Durante principios de los años 90 empieza a tener sus primeros contactos con el freestyle callejero y a escuchar exponentes como Ito Ogami y Vico C, empieza a involucrarse con la movida del hip hop dominicano con 13 años, forma parte de colectivos como El Proyecto, Charles Family y Complot Records, su primera canción data de 1999 de nombre ¨Santo Domingo¨.

Para este momento mi walkman me transportaba por sonidos, culturas y atmósferas hasta ahora desconocidas por mi, intercambiaba mis casetes con otros niños, protegía mi walkman, por ser mi genuino pasaporte de escape de mi realidad, entre los trueques de casetes con mis amigos, empecé a tener acceso al rap local, escuchando por primera vez en una canción con nuestra jerga y los temas que vivíamos a diario, con los que me identifiqué por completo.

"Calle es calle", "Tu no eres de na", "Atento a mi", "Calma", son parte del repertorio de Conciente, convertidos en clásicos de la cultura hip hop dominicana.

Luego de su salida de Charles Family, pasa a Complot Récord y a mediados del año 2000, abandona este último colectivo y forma tienda aparte junto a Bibi The Boss y Top Dollar Entertainment.

La rivalidad con el exponente petromacorisano Vakeró, otorgará una impresionante notoriedad a nivel nacional a la creación de Lápiz Conciente, estableciéndose como líder absoluto del movimiento hip hop dominicano.

Lápiz representa el primer artista del hip hop dominicano en conquistar las masas, terminando con el estigma de la marginación al género.

Contestatario, rebelde, contundente, con una poderosa estrategia de marketing y difusión de su música, que se expandió como pólvora por todo el país y en la diáspora, ganando el respeto necesario del movimiento, que se colocaría al mismo nivel de popularidad de los géneros tradicionales como el merengue y la bachata.

Lápiz junto al productor Nico Clínico, lograron un color en el hip hop, atractivo y competitivo, superponiéndose en la República Dominicana a lo que estaba sonando del mercado anglosajón y puertorriqueño.

Por otro lado Complot Records representaban un frente adverso a Lápiz Cociente y Top Dollar.

Una Canción Emblema

Complot Records liderado por Toxic Crow y con la producción de Triggah crean en el 2006 la más icónica y representativa canción del hip hop dominicano, Capea El Dough, una canción colectiva que se convierte en la bandera de triunfo de la cultura del hip hop dominicano, con 3 versiones oficiales a lo largo de su historia y otras versiones alternativas, incluyendo otros países.

Capea el Dough (2006), es la versión original de esta icónica pieza musical del hip hop local, interpretada por Lápiz Conciente, Toxic Crow, 3ni Blaze y Mr. Face, con audiovisual de Vladimir Marte.

Capea el Dough All Stars (2008), producida por Cromo X y Toxic Crow, basada en la pista original de Triggah, versión de mayor impacto, ya que reunió los principales exponentes a excepción de Lápiz Cociente, en el momento más crucial del hip hop dominicano, una especie de grito de victoria al lograr el más alto nivel de popularidad y consolidación, Toxic Crow, Danny Punto Rojo, 3ni Blaze, Vakeró, Black Jonas Point, Nipo 809, Beethoven Villamán, Manuel DH, Mozart La Para, Shelow Shaq, Villano Sam, La Boa, Poeta Callejero, Packer Luther King y Milka con audiovisual de Manuel DH.

Capea el Dough All Stars (2014), con participación del destacado artista domínico-puertorriqueño Arcángel y los dominicanos Nipo, Shelow Shaq, Poeta Callejero, Nipo, Melymel, 3ni Blaze, Monkey Black, TYS, El Mayor Clásico, Black Jonas Point, Químico Ultramega, Big O, Bulova, Vakeró, Secreto, Mozart La Para, Cirujano Nocturno, Shadow Blow, Willy Mento, Danny Punto Rojo, DJ Scuff, Nfasis y DKano, con audiovisual de Crea Fama INC.

Consolidación

La consolidación del género describe el año 2006, ante la pasiones generadas por las diferentes batallas liricales, Lápiz Conciente versus Vakeró, Mozart La Para versus Black Jonas Point, Toxic Crow versus Lápiz, Monkey Black versus Toxic Crow, sumada a la creación de importantes certámenes como La Batalla de Los Gallos, donde importantes marcas como Red Bull apoyan comercialmente el hip hop dominicano.

A finales del 2000, se posicionan exponentes como Mozart La Para, Poeta Callejero, Pablo Piddy, El Pope, entres otros, el movimiento del hip hop dominicano tenía toda la atención de los jóvenes de la sociedad dominicana, colocándose el movimiento al mismo nivel e incluso a un nivel superior de popularidad que los ritmos tradicionales dominicanos y el reggaetón puertorriqueño.

El hip hop dominicano más underground también tenía sus propios exponentes es el caso de Colombo Rubirosa, Neto Sorpresa, Lolo en el Micrófono, Ángel La Rabia, Mandrake entre otros.

Nuevos colectivos ofrecieron expresiones interesantes, liderados por Lápiz Conciente como respuesta de rechazo a la creciente ola del dembow dominicano, surgen los colectivos El Batallón y también El Colectivo Army, donde se destacan exponentes como Kiko El Crazy, TYS, Big O, El Fother, Mandrake, Big K, Caja Blanca entre otros. Por su experiencia e intelecto en el género, sumada a una estructura empresarial, Lápiz Conciente encauzó estos dos colectivos de talentosos liricistas y se posicionaron, significando la continuidad y relevo del género.

Los estudios, las metas y mis aspiraciones a ser un productor cinematográfico, me había alejado de aquel walkman, pero no de mi admiración a las expresiones populares de nuestra música, el populoso barrio de Los Girasoles al noroeste de Santo Domingo, era mi lugar de conexión con la música del momento, mi biblioteca viviente, el sonido del motor 15, la guagüita anunciadora, el trajín de los trabajadores del día, el dembow dominicano enfrentado al hip hop, este contexto me mantenía informado y como Cerati, nadie sabía de mi, pero yo estaba allí estudiando la cultura popular que tanto admiraba.

Fusiones

Miguel Ángel Valerio Lebrón, mejor conocido Don Miguelo, marca un hito importante en la música urbana dominicana, cuando a partir del 1998 con hip hop y reggaetón se da a conocer en su pueblo San Francisco de Macorís, al norte de la República Dominicana, aportando un color característico, una fusión entre el hip hop, r&b, dancehall, bachata y reggaetón y electrónica.

La canción Cola de Motora (2004) parte de su álbum ¨Contra El Tiempo¨, su punto de partida a nivel comercial, que le da notoriedad en la escena musical. Haciéndolo merecedor del premio más importante de la música en la República Dominicana, Premios Casandra en el 2006 como la revelación del año, una apertura de los cronistas conservadores, pensamiento que evolucionaría en lo adelante.

Un crecimiento sostenido y madurez sonora, le otorgarán a Don Miguelo una popularidad de escala global, con colaboraciones con artistas de la escala de Pitbull, Farruko, Tito El Bambino, Arcángel y Anthony Santos. Manuel Varet Marte, Vakeró, será también un abanderado de las fusiones, aportando nuevos colores.

Nueva Era

El destacado joven exponente de la zona este de Santo Domingo, Aderly Ramírez Oviedo, mejor conocido como Rochy RD, representa en sí la nueva etapa del hip hop dominicano posterior al 2015, un liricista versado y contundente, comparte antorcha con Amenazzy, estilo de gran aceptación internacional, Químico Ultramega, exponente de versos explosivos, los viscerales punch lines de Nino Freestyle, Tivi Gunz, liricista que fluye con altura en trap y hip hop, Fecho RD de un timbre de voz característico y Mc Albertico con desenvolvimiento de altura y agilidad de versos.

Diáspora

Liderados por la artista de origen dominicano Cardi B, mujer a la cabeza de todo el hip hop femenino anglosajón, la diáspora dominicana en Estados Unidos y Europa, se destaca por su versatilidad, atmósfera de sus historias y beat, calidad en la ingeniería sonora, artistas como Original Juan, Messiah, Lito Kirino, Tali Goya, Dowba Montana, Menor del Bronx, MC Pablo, Sensato, Alpa, Tori Nash, Chacka, Guariboa, Kapuchino, Chucky73, Fetti031, levantan la bandera del hip hop dominicano en tierras extranjeras, muchos de ellos como los artistas punteros del trap latino global.

INFLUENCIAS DEL HIP HOP, EL HOUSE Y LA ERA DIGITAL EN EL MERENGUE

Merengue House

El merengue house o meren-house o merengue hip hop, como sub-género o género consolidado, fue creado por productores dominicanos radicados en New York a principios de los 90s, aunque las primeras expresiones del meren-house las realizó Wilfrido Vargas con ¨Jardinero¨ (1984) y ¨El Loco y La Luna¨ (1985), ambas con un fragmento rapeado por el cantante Eddy Herrera y con las letras en el rapeo del locutor Frank Moya (Súper Frank), sumada a creaciones de Pavel de Jesús, Magic Juan, Roy Tavaré , Vladimir Dotel y Nelson Zapata.

El impacto masivo a nivel latino no llega hasta 1991, con hits simultáneos todo el año, de diversos artistas dominicanos y puertorriqueños, ¨Brinca¨ de Proyecto Uno, ¨Menéalo¨ de Franchesca, ¨Everybody Dancing¨ de Lisa M, Jossie Esteban y el rapero puertorriqueño Vico C con ¨Blanca¨ (1992), ¨El tiburón¨ (1993) Proyecto Uno y la agrupación Zona 7.

La expansión continúa con ¨La Morena¨ (1995) de Ilegales, ¨Hora de Bailar¨(1996) de Sandy y Papo, la riqueza rítmica evoluciona con ¨Guallando¨ (1997) de Fulanito, quien se caracteriza por la influencia del perico ripiao o merengue ripiao.

Estudios Caseros

La masificación de ordenadores y proliferación de la internet en la historia de nuestra música, sumadas a la plataforma Myspace y los portales especializados como Alofokemusic, fortalecerán las aspiraciones de los talentos barriales de destacarse en el hip hop dominicano, el mambo y posteriormente en el dembow dominicano.

Inicialmente los productores empíricos que no pertenecían a la cultura hip hop, se sumaron a la movida, modificando el merengue tradicional a una versión más digital, simplista y carnavalesca, creando el mambo dominicano ó mal llamado de forma discriminatoria ¨merengue de calle¨, surge de una fusión de la llamada música carnavalesca llamada ali ba bá, merengue house, merengue tradicional, música electrónica y hip hop, destacando los redoblantes y los metales.

Por el 1995 mi abuela nos sorprende, diciendo que mi madre le había prestado un casete a mi tía hace tiempo, porque mi tía conocía un artista famoso y se lo mostraría, noticia que emocionó a todo el grupo, apareció nuestro EP ¨Dembowtronic¨ estaba en la casa de mi tía, ¿se lo había mostrado al artista?, ¿cuál era ese artista?, pues mi tía viajaba constantemente y era muy conocida.

Mambo Dominicano

Los merengueros tradicionales y muchos cronistas de arte no aceptaron plenamente la evolución, fusión o mutación del merengue tradicional a el merengue house, no lo aceptaron. A mediados de los años 90 el merengue house se impuso al gusto popular por sus influencias del hip hop y el house, utilizaba los mismos estudios del merengue tradicional, sus músicos e ingenieros de sonido, a esto debe su calidad sonora óptima y permanencia en el tiempo. A principios del año 2000 el mal llamado mambo dominicano se impone como el sucesor indirecto del merengue-house, con una estructura básica y sonido modesto, fruto de la creación en los estudios caseros, con el software Frooty Loops, nuevamente importantes tomadores de decisiones e influyentes de la industria, por las letras, por la escasa producción y sonido primitivo, tampoco estimularon este merengue digital. Se mantienen evolucionando el ritmo y enriqueciéndose, recurriendo nuevamente a destacados productores e ingenieros de sonido, tomando elementos del merengue house, el house, el hip hop y el merengue tradicional, estableciéndose como relevo obligatorio y calando en el gusto popular e internacional, liderados por Omega, Sujeto, Maffio, Fuego, Ala Jaza y Silvio Mora.

DEMBOW DOMINICANO
UN FENÓMENO **RURAL** DE TRASCENDENCIA **GLOBAL**

Perdí el avión retornando de Madrid a Santo Domingo, me pasó por la mente el casete donde mi tía, pero el frío me hizo cambiar de idea muy rápido, esa noche solo era soportable acompañándolo de buena música, amistades y un vodka, tuve la oportunidad de recorrer los clubes, sorprendido al llegar a un club latino, por lo más sonado, fui testigo de los primeros estragos de un fenómeno, ya para el 2008 había tenido ciertas experiencias profesionales de bastante satisfacción, dos viajes a Europa a certámenes de cine, la oportunidad de conocer Centroamérica, Sudamérica y El Caribe, pero era la primera vez que presenciaba un auditorio extasiado con un nuevo género con nombre muy similar al de mi EP perdido, un secreto a voces en mi país, el dembow dominicano.

Base Rítmica

"Dembow" ó "pounda" se le otorgó como nombre a una base rítmica compuesta por kick, bajo y snare, creada por el productor de dancehall jamaiquino Dennis Halliburton o Dennis The Mennace Thompson.

Dennis Halliburton o Dennis The Mennace Thompson, es el jamaiquino radicado en Estados Unidos quien trabajando en el Philip Smart's HC&F studio in Long Island, logra la versión de la base rítmica que conquistó los clubes underground, el llamado "Dub Mix II", una versión instrumental en solitario publicada en 1990 en el lado B de la canción "Pounder" de Bobo General y Sleepy Wonder, de ahí el nombre "pounda", base que posteriormente fungió como la base del reggaetón en las manos de DJ Playero, DJ Nelson, DJ Negro y del dancehall panameño de Nando Boom y El General, base que llamaron "dembow" por la famosa canción " Then Bow" del artista jamaiquino popular en ese entonces Shabba Ranks

La penetración entre los latinos de esta base rítmica, se debió a las versiones en español de los panameños El General y Nando Boom, este último radicado en Nueva York quien junto al jamaiquino Dennis HalliBurton y el panameño Pucho Bustamante, llevaron las versiones jamaiquinas a una especie de dancehall más agresivo, pero en español, conquistando una importante audiencia hispana.

A diferencia del término "dembow", que se refiere a la base rítmica utilizada por el dancehall y posteriormente por el reggaetón a principio de los 90s, y que proviene de la canción homónima de Shabba Ranks, termino

aplicado también para las diversas bases rítmicas gené-
ricas del riddim jamaiquino como "Poco Mam Jam", "Fever Pitch Riddim", entre otros, la República Dominicana
asume la palabra "dembow dominicano" para el nuevo
género derivado de la base rítmica " dembow", es decir,
"dembow" es la base rítmica y "dembow dominicano"
es el género. Esta base rítmica es la utilizada por DJ
Playero en sus canciones a partir de 1994, pero también
en el primer "dembow dominicano" registrado en 1991 y
realizado por DJ Boyo. Es decir el dembow dominicano
fue primero que el reggaetón.

Los panameños asumieron la secuencia repetitiva a
manos de Nando Boom, llamándola como la canción de
Bobo General y Sleepy Wonder "Pounda", los puertorriqueños lo llamaron "reggae-maratón" ó "reggaetón".

Ya que en mi casa no teníamos televisor en 1992, un
toca casete que me había regalado mi padrastro Toni,
ambientaba las tardes y el ocio, para mi ya era costum-
bre ahorrar de lo poco, para comprar casetes y sin referencia alguna, adquiría las cintas por la portada y el estilo del exponente, si tenía suerte, el vendedor colocaba
el casete en su radio para escuchar de que trataba, un
día sonó el casete de El General, lo compré, no supe
cuál género musical era hasta mucho después.

Me cautivó a los 11 años esta música que gozaba de importante popularidad en los clubes y entre los no tan jóvenes.

Influencias Foráneas

El Nombre ¨Dembow¨

El nombre Dembow se deriva de la canción del artista jamaiquino Shabba Ranks ¨Dem Bow¨, que significa ¨Then Bow¨, ellos se doblan o ellos se arquean, una canción con mensaje homofóbico de principio de los 90, la canción interpretada por Shabba Ranks y producida por Bobby «Digital» Dixon, dicha canción a su vez se basó en el beat original de la canción Poco Mam Jam, producida por Steely & Clevie (Wycliffe Johnson y Browne Cleveland, dúo productores de dancehall jamaiquino).

El General

Vico C lideraba el gusto popular dominicano entre los más jóvenes, así como el respeto de los adeptos a la cultura Hip Hop, pero en cuanto a la audiencia que frecuentaba centros de bailes, la opción era el panameño Edgardo Armando Franco, conocido artísticamente como El General, aunque con letras toscas, cargadas de sexismo, logró calar en las masas.

La música de El General en su gran mayoría utilizaba las secuencias, estructuras rítmicas y sampleo de Dennis Halliburton en su creación para el Dancehall Jamaiquino-Newyorkino, así como las de Bobby Digital, se puede decir que El General es el sucesor de Nando Boon, pues ambos versionaban al español las canciones icónicas y populares del dancehall jamaiquino de finales de los 80s y principios de los 90s.

Henry, mi hermano y amigo en el colegio, un día durante la actividades deportivas, me pasa su walkman y me dice "hermano Roddy, escucha esto", era un sonido nuevo y genial, una atmósfera underground única, punzante, base contagiosa y bailable, aunque unas letras crudas, explosivas, explícitas, historias realistas del bajo mundo, un extraña combinación que caló rápidamente en el gusto callejero.

Desconocíamos el nombre de aquel nuevo género, por muchos años fue así, el género desconocido, pero se expandió en todas las bocinas del barrio hasta llegar a la policía, quien vetó su difusión y provocó el morbo, logrando una expansión underground total.

DJ Playero

Pedro Gerardo Torruellas Brito, cuyo nombre artístico es DJ Playero, dicho seudónimo se debe a que en su adolescencia utilizaba muchas camisas hawaianas con detalles de playas y palmeras, y sus compañeros de escuela lo apodaron ¨playero¨.

Los inicios de DJ Playero datan de 1992, por su trabajo mezclando en Joseph Café, donde desarrolla un estilo musical underground propio, con influencias de Jamaica, Estados Unidos y Panamá, estilo que logró repercusión entre los jóvenes, luego se consolida en la discoteca The Noise propiedad del también artista DJ Negro.

DJ Playero a base de pounda o dembow, dancehall, reggae y hip hop, se hace acompañar de exponentes como Mexicano, Daddy Yankee, Falo, Ranking Stone, entre otros, en los reggae maratón ó ¨reggaetón¨. En 1993, DJ Playero toma la iniciativa de realizar un álbum con todos los exponentes de esta nueva expresión underground, creando un casete de 90 minutos, con aparición de Franki Boy, Miguelito, Daddy Yankee, Master Joe, Blanco, Milli, Too Sweet, Fella, Liza, entre otros exponentes.

En 1994 en el marco de playero 36, Ramón Luis Ayala Rodríguez mejor conocido como Daddy Yankee en la canción "So Persígueme", bautiza el género por su nombre "Reggaetón", en la frase "La gente tiene que acercarse, baila reggaetón" y "Quiero que sigas brincando y quiero que brinques otra vez porque es el hombre fenomenal el que canta reggaetón", se refiere a un maratón de reggae debido a la duración de los casetes de DJ Playero.

A pesar de que la palabra "reggaetón" fue creación de Daddy Yankee en 1994, refiriéndose a maratón de reggae o reggae maratón, es Nelson Díaz Martínez conocido artísticamente como DJ Nelson, quien comercializa la palabra por primera vez en 1995.

Entre 1994 y 2002 DJ Playero lanzó un total de 9 álbumes bajo el nombre de "Playero", que van desde Playero 34 hasta Playero 42.

El reggaetón sedujo en 1995 la movida musical underground en República Dominicana.

Computadoras e Internet

A finales de los años 90 se incrementa la presencia de computadoras en los hogares dominicanos entre la clase media, pero a mediados de los 2000, es que las masas más desposeídas acceden a las computadoras y el internet, inician los primeros estudios de música caseros, de forma improvisada en los barrios y posteriormente con la entrada del tratado de libre comercio en el 2007, la adquisición de equipos de producción se incrementa. Por la concepción simple del software Frooty Loops posteriormente FL Studio, llega a República Dominicana, convirtiéndose en el programa predilecto de producción y empieza a expandirse en lo barrios, facilitando la creación de beats, secuencias y sampling, tomados de fragmentos de canciones anglosajonas, puertorriqueñas y jamaiquinas. La popular red social que antecedió a Instagram y Facebook, una especie de plataforma streaming para artistas y aficionados, fue Myspace que entre el 2005 y 2008, fue la red social con más incidencia en el mundo, un medio determinante para conectar la música de los barrios dominicanos, con los dominicanos de la diáspora, pero también con un creciente público de todo el mundo.

ORIGEN DEL DEMBOW DOMINICANO

Dennis Halliburton

"Dembow" o "pounder", la misma base rítmica que utilizó en sus inicios el reggaetón, es proveniente del dancehall jamaiquino-newyorkino a cargo de Dennis Halliburton y Pucho Bustamante a principios de los 90, pero también es la base rítmica que utilizó el dembow dominicano, utilizada por DJ Boyo directamente del dancehall jamaiquino y panameño, tomada más adelante del reggaetón puertorriqueño por DJ Scuff, caracterizándose por un cambio de tempo y la inclusión de jergas, historias y costumbrismos dominicanos, expresiones rurales repetitivas ó los llamados "Códigos".

Ledesma

El dominicano Ledesma es el primer artista dominicano que tomó el dancehall jamaiquino y le realizó versiones fidedignas en español, pero también lo mezcló con merengue, utilizando la jerga dominicana en 1990, es el caso de la canción "El Llorón" (1991) o popularmente conocida como "Devuélveme mi amor", Ledesma llamó su creación como merengue reggae ó reggaerengue.

La influencia más cercana y directa para la creación del dembow dominicano llega por dos vías, una en 1991 directamente a los oídos de DJ Boyo y la otra más adelante, a través de DJ Scuff bajo la influencia del puertorriqueño DJ Playero, en ambos casos, influye la creación panameña y de Ledesma, como parte del espectro sonoro.

DJ Boyo

Henry Antonio Muñoz, conocido artísticamente como DJ Boyo, con los samples del dancehall jamaiquino como el Fever Pitch Riddim, Poco Man Jam, Who Seh Me Dun (Wait Deh Man) y el pounda o dem bow, mezcla en su consola las primeras expresiones del dembow dominicano. Dado que el bpm (beat por minuto) de dichas canciones eran muy lentos, entre 98 y 105 bpm, el dominicano se caracteriza por la predilección a lo más movido, DJ Boyo decide re-grabarlo manualmente, subiendo el tiempo a 115 bpm y así conectar con el estilo de vida más movido del dominicano, sumando la jerga y crea el primer dembow dominicano en 1991.

"Mujer Andadora" de DJ Boyo es el primer Dembow Dominicano en 1991 y pasarían 15 años hasta 2006 para escuchar nuevas creaciones de exponentes en este nuevo género del dembow dominicano, empiezan a ha-

cerse sentir Mr. Manyao y H2, Los Ando Loco, Los Ca-
rapachos, DJ Boyo y DJ Scuff, gracias a este colectivo
surge el género dembow dominicano.

Medios Especializados

¿Quienes lo difundirán?, ¿Dónde los publicarán?, ya
que por la crudeza aún del género, los medios tradicionales hacían resistencia a darle espacio y es ahí donde
en conjunto con la expansión de la internet, los celula-
res inteligentes y los ordenadores, completan el círculo
de poder una serie de medios especializados.

Proyectos de comunicación como AlofokeMusic, La
Hora de DJ Boyo, posteriormente La Hora de DJ Topo,
100% Urbano con Charlie Valens, Anthony Quinn, Mun-
doRD, El Corito, Venya Carolina, Dominican Hip Hop,
Luinny Corporán, El Reguerazo de las 5, Capricornio
TV, Yelitza Lora, Brea Frank, Villamellaonline, Manuel
DH, Música Barrial, entre otros, complementaron el
movimiento y se convirtieron en el vehículo perfecto de
difusión de la música popular, liderados por Alofoke Music del joven comunicador y gestor del movimiento San-
tiago Matías García, del lado del Hip Hop Dominicano
en principio y Arismendy Mañón DJ Topo por el lado del
dembow dominicano.

En principio, muchos de estos medios especializados, hacían resistencia al dembow dominicano y priorizaban las diversas expresiones del hip hop dominicano, denostaban al dembow dominicano como género y no difundían la creación de sus escasos exponentes, a medida que el género fue madurando y consolidándose en el gusto popular, apoyarlo era inminente y cada corriente tomó su lugar en el marco del respeto, con escasas excepciones.

Los exponentes del hip hop dominicano también se resistieron a aceptar o ser parte del dembow dominicano, al igual que los primeros gestores y medios alternativos, debido a que diferían en cuanto a la filosofía para la concepción y finalidad de la música como arte.

Consolidación

El primer fenómeno del dembow dominicano que conquista las masas y todos los estratos sociales es la canción "Pepe" de Doble T y El Crok en el año 2008, la que por su jocosidad, baile y doble sentido, logró una pegada exponencial y colocó las miradas sobre este nuevo género de la cultura rural en principio.

La canción ""Pepe"" recurre a un intro similar a la canción "Panteón de Amor" de la Orquesta Zodiac, generando familiaridad en una audiencia más adulta e internacional y con una historia simple, repetitiva de doble sentido, sexista, acompañada de un original y contagioso baile.

Con un camino ya trillado por los exponentes anteriores, se consolida una industria para el dembow dominicano, con acceso a clubes de alto nivel, incrementando las presentaciones locales, colaboraciones musicales, consumo de música en discos compactos, espacios radiales, televisivos y tímidamente las ventas digitales.

A pesar de frecuentar distintos ambientes propios de círculo laboral y profesional, nunca perdí el contacto con mi yo nacido en el Barrio Simón Bolívar, me mantuve presente y estudioso del nuevo fenómeno, en cada una de sus etapas, las disfrutaba, esta acción me daba la oportunidad de conectar con mis amigos y colaboradores de estratos más humildes. Mi tía se había mudado a Estados Unidos y nunca supe del casete Dembowtronic, lo había dado por perdido, aunque me daba curiosidad de escucharlo, mi apreciación de la música había cambiado, honestamente estaba más inclinado a las corrientes electrónicas con el techno de Sven Vath.

Dembow Dominicano Fenómeno Local

Para el 2009, famosos djs de la escena toman voces de los exponentes del Hip Hop, algunas sin consentimiento del exponente, otras sí y crean hits espontáneos que calan el gusto popular, de los DJs de esta etapa se destacan DJ Vitman y DJ Scuff. La canción del exponente Monkey Black "El Sol y La Playa" producida por Nico Clínico, a pesar de estar más inclinada al house y al dancehall, por su jerga y delivery, se convierte en uno de los primeros súper hits del género, sumando exposición, difusión y un importante precedente comercial.

Ya para el 2010, el género dembow dominicano posee un repertorio y una notable cantidad de exponentes que se hacen sentir, a pesar de un lenguaje crudo en ocasiones, contenido sexual ó doble sentido, el dembow dominicano muestra producciones de mayor calidad sonora, concepto estilizado, nuevos colores, melodía y los artistas visualmente más atractivos.

El dembow dominicano toma el control de la radio, las calles, los clubes y los sistemas de sonido en los automóviles, apareciendo en la movida musical con su primeros hits, artistas como El Alfa con la canción ¨Coche Bomba¨, Secreto El Famoso Biberón ¨Rabia¨, Nipo y Sujeto Oro 24 con ¨Cilantro Ancho¨ (2010) y ¨Wiki¨ (2010).

El 2010 representa el final de los colores básicos del Fever Pitch Riddim y los sonidos del dancehall jamaiquino, evolucionando y recurriendo a versatilidad, es el caso del color sonoro aportado por Villano Sam y Mozart la Para en ¨Sapito¨ (2010), producido por Light GM y Villano Sam, canción que cambia el juego, un sonido estilizado y un audiovisual entretenido de muy alta calidad.

El tema ¨Watagatapitusberry¨, una mezcla de house y dembow dominicano, más inclinada al house e interpretada por los exponentes Black Jonas Point y Sensato co-producida por K.O. y Sensato, llama la atención del artista cubano americano Pitbull, comparado al impacto del puertorriqueño Arcángel y Vakeró en años atrás, pero la de Pitbull conquista un target mayor, otro hito del 21010 lo representa Shelow Shaq ¨E´ Que Toy Borracho¨, con colores similares al Sol y La playa, también producida por Nico Clínico.

Mozart La Para y Farruko con "Si Te Pego Cuerno" producida por Light GM, también en la frontera del dancehall y el dembow dominicano, más del lado del dancehall, pero que por su marcada jerga dominicana y puertorriqueña, marca otro importante hito, cruzando la frontera regional y calando en el gusto suramericano.

Una marcada influencia de los colores del house, el tech house, el trance y el techno, se apropia del dembow dominicano en el 2011, es el caso de "Te Pue Cuidá" de El Batallón, y El Shick "Préndelo" 2011, "Oye Que Bobo 2" de Monkey Black primero en utilizas la expresión "TechnoBow".

Los primeros exponentes icónicos en hacer el crossover del hip hop tradicional al dembow dominicano son Mozart La Para, Shelow Shaq, Nipo, Sujeto, Monkey Black, Black Point y Pablo Piddy, este último sorprende con los clásicos "Si Tu Quiere Dembow" y "Rulay" en el 2011. En el mismo año Secreto el Famoso Biberón le añade un timbre de voz melódico al dembow dominicano "Pa Que Te Dé" "Ponte Tu Chaleco", el exponente y productor Chimbala aporta versatilidad y pegada con "Te Me Va Doblá" (2011) junto a Lolo en el Micrófono.

Con una imagen y jerga más depurada, ya para el 2012, el dembow dominicano es un género que ha madurado y consolidado, su ingeniería sonora ha subido de nivel y la imagen de los exponentes los hace atractivos para el público internacional, se destacan "Papá Dios Me Dijo" en 2012 de la autoría de Papa Secreto, que recurre a las influencias del rock, producida por DJ Sammy.

La creatividad sumada a la competencia, provoca la producción de una gran cantidad de temas importantes, pero también el aumento de exponentes, elevando la demanda y reduciendo las oportunidades, como "Con Lo Pie" de Chimbala, "Agárrate que te solté" El Alfa, "Ponme To Eso Palante" El Chuape, producida por DJ Kennedy, "Menea Tu Chapa" de Wilo D New, "Siente La Para" El Alfa y La Nueva Escuela, producida por DJ Patio.

El 2012 se define como el año más importante para establecer los cimientos del futuro en el dembow dominicano, por tanto la producción es amplia, diversos temas arrojan nuevas direcciones rítmicas, El Alfa con el jocoso tema "Cacao" producido por Bubloy, Chimbala con "Oye Baila" ofrece una potente atmósfera bailable y La Nueva Escuela con " Ella Me Mira".

Las Letras

Si tomamos las letras del dembow como ficción, al igual que las películas en hollywood, las series o la literatura para adultos, sumado a la libertad de expresión que nos pertenece a todos por igual, aunque no compartamos algunas letras, siendo sus creadores mayores de edad y todo el equipo también mayor de edad, tienen todo el derecho de expresarse, al igual que las creaciones del arte para adultos, cuando es el caso del dembow dominicano, las restricciones de edad deben ser cumplidas por los padres ó tutores, con la ayuda de medios, influencers, redes sociales, plataformas de streaming y artistas.

El dembow dominicano es el medio de escape que muestra una realidad, nos guste o no, es un reflejo de una franja de nuestra sociedad y su nivel cultural, es una música cuasi-experimental, que crea una atmósfera bailable única, donde la frase ó la palabra cortada y repetitiva es parte el beat, del mood y del feeling de la canción, similar al house, techno y otros ritmos electrónicos, en el 2014 el periódico Listín Diario junto a un grupo de artistas firman un acuerdo para mejorar las líricas, este hecho tiene un parcial impacto positivo de gran peso en lo adelante.

Los años 2013 y 2014 se caracterizan por el enfrenta-
miento musical entre los dos exponentes más populares del dembow dominicano en el momento, El Alfa y El
Mayor, ambos se encargan de eclipsar las atenciones,
pero también de una prolífica producción de canciones
cargadas de variaciones sonoras, experimentaciones,
fusiones, juegos vocales, en estos dos años surgen temas de El Alfa como "Muévete Jevi" producida por El
Kable, "Fuin Fuan" producida por DJ Patio, "Kalime-
te" producida por Bubloy, "Tu Ere Mio y Ya" producida
por DJ Plano, "Gustoso" producida por Bubloy, mientras que entre las creaciones de El Mayor de estos dos
importantes años, se encuentran, "El Chiva" producida
por Eme-R, "Me Siento Rulay", producida por Bubloy,
"Choki Choki", "Yo Soy Jevito" y la icónica "Ricky Ricón",
esta última producida por DJ Kennedy.

De estos dos años se destacan "Acelera Bum Bum" de
Príncipe Baru, aparece en escena Musicólogo, un liricista de alto nivel, con punch lines ágiles, brindando calidad y seguridad interpretativa, con temas como "Dinero Fácil" y "Humo", otro tema de incidencia internacional
es "Ay" de Amara La Negra y "Rankintanki" de Chombo
Pana Black.

La Materialista con "Las Chapas Que Vibran", una canción de alto contenido sexista, se convierte por mucho tiempo en la canción del dembow dominicano con mayor cantidad de streaming en Youtube.

"Amanecí Contento" de Papá Secreto y producida por DJ Sammy, aporta al dembow dominicano un enérgico hit, con intro de guitarra y rico en colores influenciados por el electropop, la bachata, la soca y el house, el dembow dominicano en ese momento es una realidad comercial imbatible.

Un especial cambio de patrón lo representa la canción "Pal de Velitas" de Mark B y El Alfa, la misma experimenta con el tempo del dembow dominicano, disminuyendo la velocidad y calando inmediatamente en el gusto, este hit es producido por Chael Produciendo y se convierte en la primera colaboración de lo que será una dupla determinante del futuro, El Alfa – Chael.

La veteranía del afamado productor dominicano Nico Clínico, enriquece el repertorio del popular género, aportando dos nuevas piezas "Versace" para El Mayor y "Calentate Girl" para Shelow Shaq, ambas renuevan el universo sonoro del dembow dominicano.

Para mediados del 2015, dominan la escena Atomic Otro Way con "Té de Campana", El Alfa con "Segueta", producida por DJ Patio, "Súbete En El Caballo" producida por Bubloy y "El Baile del Dinero" producida por DJ Plano, El Mayor y Farruko suman "Chapa de Callejón", también producida por Bubloy, tema que incrementa las relaciones bilaterales a nivel musical entre Puerto Rico y República Dominicana.

Un crossover trascendental en el 2016, es la del liricista Bulova con "La Grasa" versado y fluido, tema a cargo de los productores Big Cris y Draco, en el mismo año, El Alfa suma "Abuso" producida por DJ Plano, con una marcada influencia del tech house, "Seguidilla" producida por un renovado Nico Clínico y "Botando Chipa", enmarcado en el género Trapbow.

Trapbow

La colaboración de El Alfa y Bad Bunny "Dema Ga Ge Gi Go Gu" (2016) producida por Chael Betances, marca un hito en el género, fusionando el dembow dominicano con el trap, otro hito del trapbow sería la canción "Judas" de TYS, Don Miguelo, Cromo X, también producida por Chael Betances.

Redes Sociales

Un joven del populoso sector Capotillo del Distrito Nacional en República Dominicana, marca un punto de partida de un fenómeno que se repetiría más adelante, sobre un beat, improvisando rutinas jocosas con historias cómicas y tremendistas en el espacio de una pequeña barbería, Hancel Teodoro Vargas Reynoso, mejor conocido como Bulin 47, a raíz de un repost del artista puertorriqueño Nicky Jam, se convierte en un fenómeno de popularidad y posteriormente incursiona en el dembow dominicano posicionándose entre las figuras más populares del género, fenómeno que en lo adelante sería un hecho casual.

Crossover

El pilar del hip hop dominicano Lápiz Conciente, sorprende incursionando por primera vez en el dembow dominicano aunque momentáneamente en solo 3 canciones, entre ellas ¨Limonada Coco¨ junto a Musicólogo, producida por DJ Patio, esta canción más adelante sería utilizada por Major League Baseball MLB para su campaña conmemorativa, pero también consolida la posibilidad de los exponentes del hip hop dominicano incursionar temporalmente en el dembow dominicano.

Otros importantes exponentes también hacen su crossover, es el caso de Toxic Crow, Químico Ultramega, Bulova, Musicólogo, y más adelante se sumarían Shadow Blow, El Fother, TYS, Kiko El Crazy, Beethoven Villamán, Rochy RD y LR. La entrada al género dembow dominicano de estos expertos liricistas fortalecen el género y lo enriquecen

Nuevos Colores

Tomando recursos del bolero, el techno y la salsa, la canción ¨Suave¨ representa otro avance sonoro en el repertorio de El Alfa, aunque de lírica explícita y sexista, logra conquistar Sudamérica.

Un nuevo tono vocal, influencia del kompa y la bachata, caracterizarán la nueva etapa del artista Leury José Tejeda Brito, Chimbala, un dembow dominicano único, exportable, que seduce la comunidad internacional.

Se suma a la movida de los nuevos colores, un prolífico productor dominicano radicado en Miami, conocedor de la música caribeña y el precursor del merengue electrónico, Carlos Ariel Peralta Mendoza, conocido artísticamente como Maffio con temas como ¨Cristina¨.

La creación de Ceky Viciny "Klk con Klk" en el 2017, producida por Breyco, es seleccionada como la canción oficial del equipo de la República Dominicana en el Clásico Mundial de Baseball, otorgando otro punto positivo. En ese año, se suman a la lista de éxitos Lírico En La Casa con "Marianela" "El Motorcito" producida por Lírico en La Casa y Dj La Zona, también Mozart La Para, Chimbala y Liro Shaq con "Bye Bye" producida por B One, Don Miguelo con "Llevo La Vainita", que representa una lírica costumbrista de atractivo color musical.

Un jocoso hit global de DJ Kass, basado en un instrumental de Topo La Mascara para una explícita canción de Shelow Shaq, logra trascender los idiomas, las redes y los clubes a nivel global, convirtiéndose en un popular hit entre los memes que circulan por todo el mundo, estableciendo en lo adelante una estrecha relación con el dembow dominicano y las plataformas de videos cortos musicales, como TikTok, Snapchat e Instagram

Colaboraciones

El dembow logra seducir a los exponentes del trap y el reggaetón, como Daddy Yankee, Anuel AA, Zion, Bryant Myers, Arcángel, con colaboraciones que fortalecen el género y otorgan visibilidad a nivel global al género.

Dembow Dominicano Fenómeno Mundial

En diciembre de 2018, se publica el primer álbum del artista más importante de la música urbana latina en ese momento, Bad Bunny, X100PRE, tres artistas acompañan al artista con colaboraciones en este álbum, el afamado productor Diplo, Dake y El Alfa, este último, en un energético trapbow con influencia de la bachata, utilizando como base un solo de guitarra de la canción ¨Ella Fue Mía También¨ del artista dominicano Leonardo Paniagua, ícono de la bachata de los años 70 y 80.

En 2019, Bad Bunny se hace acompañar de El Alfa en el prestigioso Festival Viña del Mar de Chile, elevando el dembow dominicano a su máximo esplendor, entre los artistas internacionales que se han sumado a la globalización del género se encuentran Will I Am, Anuel, French Montana, Rosalia, J Balvin, Pharrell, entre otros.

El Alfa

Emanuel Herrera Batista, conocido artísticamente como El Alfa, oriundo del popular sector de Herrera al noroeste de Santo Domingo, se consolida como líder indiscutible del dembow dominicano, la primera vez que escuchamos la palabra ¨technobow¨ es en la canción ¨Oye

Que Bobo 2¨ del fenecido exponente Monkey Black en el 2011, la segunda es en la colaboración del exponente El Alfa y el destacado productor estadounidense Diplo, con el hit homónimo ¨Tecnobow¨ en el 2019, un hito que continúa la consolidación global del género.

Los fenómenos que le siguen los pasos a El Alfa son, Chimbala, Tokischa, Maffio, Rochy RD, El Mayor y Kiko El Crazy, posicionando el género de forma vertiginosa e incluyendo sus nombres en importantes álbumes globales.

Entre los únicos artistas con álbumes de Dembow se encuentran El Alfa, Kiko El Crazy y Elefant Universe.

Elefant Universe

En septiembre del 2020, bajo el sello Vlikdi, convertimos nuestros ensayos en la música en Dembowtronic, una mezcla del dembow con la música electrónica como el techno, house, dubstep y el trance, con dos álbumes producidos, ¨Dembowtronic¨ en enero 2021, en honor a aquel casete perdido y ¨Electrobow¨ en marzo 2021, así como el álbum Station Me también en el 2021, con influencias del gagá y R&B..

Dembow Seco

El dembow dominicano seco, recurre al compás de la base original del dembow o pounda, pero de forma simplista basado solo en kick, snare y bajo, la melodía es casi nula en su totalidad, aunque recurre a patrones de bajos saturados que fungen como una parte melódica y contagiosa tanto en el bajo como en el sub-bajo, recurre a sonidos de pequeña percusión como el güiro, cencerros, claves e incluso foley, la ventaja del dembow seco es que permite a los raperos natos, o exponentes que no manejan el canto, desenvolverse con fluidez en un beat más simple y sin melodía.

Se destacan canciones del llamado dembow dominicano seco como "Uva Bombón", "Chuky", ¨Rumba¨ , ¨Alta Gama¨ de Rochy RD, así como ¨Trucho¨ de Rochy RD y Kiko El Crazy, siendoLeo RD, uno de sus más aventajados precursores, con trabajos para artistas como Rosalía, Anuel y J Balvin. Entre los exponentes abanderados de este sub-género se encuentran Braulio Fogón, Bulin 47, Cherry Scom, Haraca Kiko, El Fother, La Perversa, Ceky Viciny, Yomel El Meloso, Yailín La Más Viral, Tivi Gunz, Shadow Blow y You R, Kaly 8, entre otros.

Principales Productores de Dembow Dominicano

- Nitido Nintendo
- Nipo 809
- Nico Clínico
- Breyco
- Elefant Universe
- Bubloy
- Chael
- Leo RD
- DJ Patio
- Light GM
- DJ Scuff
- DJ Sammy
- DJ Kennedy
- Draco Y Big Criss
- DJ Plano
- Topo La Máscara
- El Kable
- Maffio

Dembow Dominicano en Spotify
En Millones de Reproducciones

QUE CALOR   328 MM
(El Alfa / J Balvin / Major Lazer)

LA ROMANA   253 MM
(El Alfa / Bad Bunny)

LOCO   244 MM
(Chimbala, Justin Quiles, Zion & Lennox)

PAM   202 MM
(El Alfa / Daddy Yankee / J. Quiles)

CRISTINA   145 MM
(Maffio / J.Quiles / Nacho / S. Shaq)

SINGAPUR   129 MM
(El Alfa)

LA MAMA   110 MM
(El Alfa /Cherry Scom/ Chael / CJ)

SÚBETE   96 MM
(Lary Over / Lírico en la Casa)

LINDA   73 MM
(Tokischa / Rosalía)

TÉ DE CAMPANA   65 MM
(Atomic)

RUEDA   58 MM
(Chimbala)

ELLOS   50 MM
(Ceky Viciny)

Dembow Dominicano en Youtube
En Millones de Reproducciones

LA ROMANA   **276 MM**
(El Alfa / Bad Bunny)

SINGAPUR   **254 MM**
(El Alfa)

SUAVE REMIX   **233 MM**
(Chencho Plan B / Bryant Myers / Noriel / Jon Z / Miky Woodz)

MENEA TU CHAPA   **224 MM**
(Wilo D New)

LAS CHAPAS QUE VIBRAN   **199 MM**
(La Materialista)

LOCO   **194 MM**
(Chimbala, Justin Quiles, Zion & Lennox)

4K   **153 MM**
(El Alfa / Darell / Noriel)

CORONAO   **143 MM**
(El Alfa / Lil Pump)

LA MAMA   **125 MM**
(El Alfa /Cherry Scom/ Chael / CJ)

TRAP PEA   **97 MM**
(El Alfa / Tyga)

PAM   **91 MM**
(El Alfa / Daddy Yankee / J. Quiles)

BANDA DE CAMIÓN REMIX   **89 MM**
(El Alfa / Farruko / Bryant M / De La Ghetto / Zion / Noriel / Villano Sam)